PAUL DE SAINT-VICTOR

LA

PHOTOCHROMIE

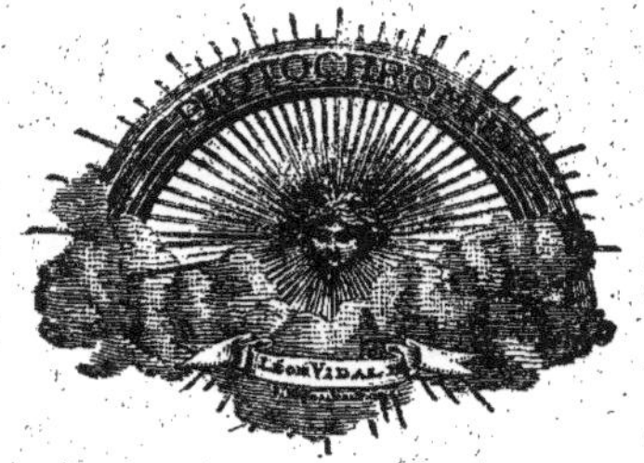

PARIS

IMPRIMERIE TYPOGRAPHIQUE A. POUGIN

13, QUAI VOLTAIRE, 13

1876

LA PHOTOCHROMIE

PAUL DE SAINT-VICTOR

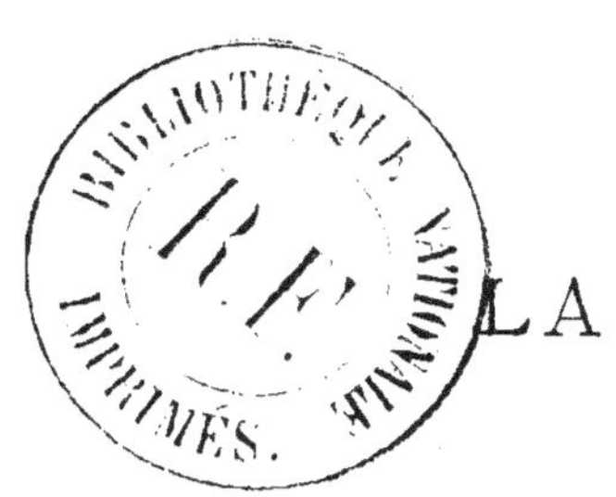

LA

PHOTOCHROMIE

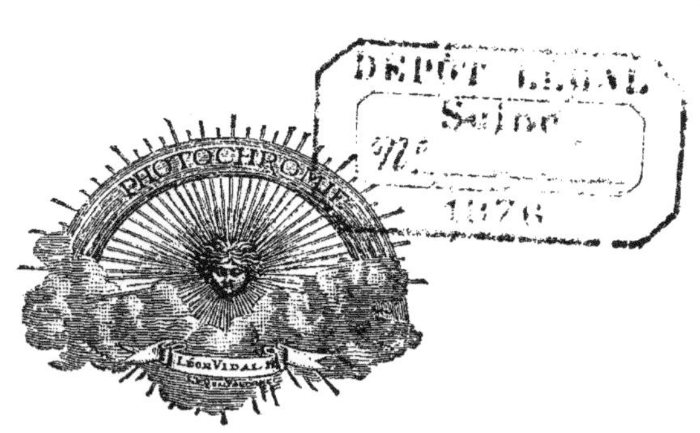

PARIS

IMPRIMERIE TYPOGRAPHIQUE A. POUGIN

13, QUAI VOLTAIRE, 13

1876

LA PHOTOCHROMIE

L'art photographique n'a donné, pendant longtemps,
que des produits monochromes. La palette du soleil
opérant sur la plaque sensible semblait être réduite
au clair et à l'ombre, et donnait l'image sans la couleur, la forme sans le ton local. A l'aide des procédés
au charbon, on était parvenu à varier le ton des
épreuves. C'est ainsi que M. Braun, de Dornach, a
pu reproduire les dessins des maîtres avec les matières mêmes dont ils se sont servis. Il transpose sur
le positif l'encre de Chine et la sépia, la pierre d'Italie
et la mine d'argent, la sanguine et la pointe d'argent ;
toutes les nuances des encres, toute la variété des
crayons passent des originaux dans ses copies, par une
réverbération mystérieuse. Mais un problème n'avait

pas encore été résolu, celui d'une combinaison de ti-
rages produisant des images polychromes par l'assem-
blage de couleurs diverses entièrement dessinées et mo-
delées par la lumière même.

C'est cet art nouveau, patiemment élaboré par de
longues études, que M. Léon Vidal vient de révéler au
public. Dès les premiers essais il l'a porté à une sûreté
pratique et à une supériorité d'exécution pittoresque
qui font de son invention l'incomparable auxiliaire
de toutes les industries artistiques. Lorsque M. Vidal
l'apporta à Paris. M. Paul Dalloz, avec son esprit si
prompt aux initiatives, si ouvert aux progrès et aux
perfectionnements de toute sorte, pressentit du pre-
mier coup d'œil l'immense avenir qui lui était assuré.
Il en a pris la direction et s'est chargé de sa vulgari-
sation. La photochromie fonctionne dès aujourd'hui
sur une large échelle dans les ateliers installés au quai
Voltaire par la *Société de publications périodiques*.
L'invention de M. Vidal s'affirme déjà par ses œuvres.

Il est impossible de voir une image reproduite dans
la chambre noire sans se demander si la science n'arri-
vera pas un jour à la fixer telle qu'elle s'y reflète, c'est-
à-dire avec ses couleurs. Calquer le coloris des êtres et
des objets, comme elle en reproduit l'aspect et la
forme, c'est là l'idéal de la photographie, son objectif

suprême, pour parler sa langue. Des savants illustres, en tête desquels il faut citer MM. Becquerel, Niepce de Saint-Victor, Poitevin, ont poursuivi ce mirage ; il s'est évanoui à mesure qu'ils en approchaient. Ils ont bien pu, par une sorte de magie chimique, arracher quelques rayons colorés au spectre solaire et les imprimer sur une lame d'argent ou sur le papier, mais ces couleurs, ou pour mieux dire ces espérances de couleurs diverses, n'ont pas été définitivement fixées, la lumière ayant hâte de les dévorer presque aussitôt après les avoir fait naître. Il serait téméraire de porter un défi à l'invention moderne. Après tant de merveilleuses découvertes, on peut dire que le mot impossible n'est plus scientifique. Dans l'état actuel des expériences et des faits, la fixation des couleurs naturelles par la photographie paraît pourtant un insoluble problème. Elle est aux recherches des photographes ce que la pierre philosophale était aux adeptes et aux souffleurs du Grand Œuvre.

A part quelques essais plus ou moins réussis de coloration, la photographie restait donc réduite jusqu'à présent au noir et au blanc pour rendre les milliers de formes et d'aspects soumis à son objectif. Ne pouvait-elle faire mieux cependant, tourner la difficulté, au lieu de vouloir l'emporter de front ? La façon de reproduire les images de la nature avec leurs couleurs est indifférente en elle-même, pourvu que cette coloration soit juste et précise, harmonieuse et vraie. Que le prisme solaire ou la palette d'un opérateur ait peint le tableau, qu'importe au spectateur et à l'acheteur si la peinture répète exactement les tons de l'objet rendu ?

Cette polychromie infaillible appliquée à la photographie et venant s'y fondre, reflétant avec une fidélité minutieuse les nuances les plus subtiles, les teintes les plus fugitives, pouvant multiplier à l'infini ses produits, est réalisée par l'invention de M. Vidal. Ce que lui refusait la nature, il l'a demandé à l'art. Si, par une fortune improbable, un mode de fixation des couleurs était un jour découvert, il n'apporterait en somme aucune révélation nouvelle : la photochromie l'aurait devancé.

Chacun sait ce que représente une épreuve photographique monochrome obtenue dans les conditions ordinaires. Elle n'est en réalité que la réflexion des rayons plus ou moins lumineux qui frappaient l'objet reproduit au moment où son image a été fixée sur la plaque sensible. Elle résume l'ensemble des clairs et des ombres qui définissent cet objet. De leur mélange résultent le dessin exact et le modelé. Que manque-t-il donc pour que la copie soit complète ? Il manque évidemment la couleur, le blanc n'étant que l'unité de lumière sans couleur, comme le noir est l'unité de couleur sans lumière. Toutes les teintes, toutes les nuances, toutes les harmonies intermédiaires entre ces deux pôles ne jouent aucun rôle dans la photographie monochrome. Or, il existait un moyen d'obliger la lumière à continuer son œuvre, à peindre en quelque sorte l'image qu'elle a dessinée. Ce moyen est l'invention de M. Vidal. Ceux qui croient que la photographie directe et immédiate des couleurs sera découverte un jour, peuvent attendre patiemment la réalisation de leur rêve; son équivalent est trouvé.

Au lieu de faire agir les rayons lumineux sur des substances noires ou susceptibles de s'obscurcir, M. Vidal utilise leur action sur des matières colorantes plus ou moins variées, selon que le sujet à reproduire est plus ou moins riche en couleurs diverses. De la combinaison de ces matières, naît une image polychrome revêtue de tous les tons dont le modèle est empreint. La lumière dans le procédé de M. Vidal n'a plus à tirer d'elle-même la matière colorante ni à produire la couleur. Elle la dispose, elle la dessine et elle la modèle, elle s'introduit dans la substance préparée par l'inventeur, et elle y travaille comme le pinceau sur la palette où le peintre a distribué ses couleurs.

La palette photochromique est inépuisable, ayant pour bases les principes colorants que les végétaux et les minéraux lui fournissent avec profusion. Soumise à l'action de la lumière, elle s'adapte à l'image monochrome de la photographie et reporte à l'endroit voulu le ton sourd ou vibrant, entier ou rompu, intense ou délicat de chacun des plans et des contours du modèle. Les couleurs employées sont inaltérables; la gamme de leur valeur répète toutes les gradations et toutes les nuances de l'original. La transposition est complète sans qu'il y ait emploi ou trace de pinceau.

Le talent et le goût de l'opérateur ont sans doute leur part dans la main-d'œuvre de la photochromie, mais comme la photographie dont elle procède, elle est essentiellement un art mécanique, un art exact en quelque sorte, par conséquent infaillible. C'est là ce qui la distingue des autres procédés de coloration. La lithochromie copie plus ou moins fidèlement ses modèles, elle est sujette à tous les hasards et à toutes les licences de la traduction; la photochromie est un instrument de précision, astreinte par son mécanisme même à l'exactitude rigoureuse qui distingue toutes les reproductions nées de l'objectif.

Il suffit d'examiner les premières œuvres photochromiques exécutées dans les ateliers du *Moniteur*, pour

constater l'étonnante souplesse du procédé de M. Vidal.
Il s'applique, avec une égale perfection, à toutes les
substances et à toutes les formes : fleurs et objets d'his-
toire naturelle, anatomie et machines, sculpture et
ciselure, céramique et mosaïque, portraits et dessins,
émaux et glyptique. Il absorbe et il incorpore, en quelque sorte, dans ses transpositions merveilleuses, tous
les chefs-d'œuvre des arts et tous les ouvrages des
métiers.

Dans les reproductions de l'Orfévrerie, le rendu photochromique n'est point seulement poussé jusqu'à
l'illusion complète de l'œil, mais jusqu'à provoquer la
tentation du toucher. Des casques, des boucliers, des
aiguières de la Renaissance, apparaissent sous le léger
glacis qui les recouvre, comme à travers la transpa-
rence d'une vitrine. Les délicates figurines qui les dé-
corent, les reliefs qui accrochent la lumière et les
cavités qui l'absorbent, la complication des ornements,
la netteté des arêtes, les éclats et les reflets propres
à chaque métal, tout est accentué, délié, coloré avec
une perfection qui tient du prestige. Les Émaux ne sont
pas moins admirablement reproduits, avec leurs luci-
dités vitreuses, leurs bleus de turquoise, les éclairs de
paillons qui sillonnent leur limpidité, les carnations
claires et rosées de leurs figures ou de leurs portraits.

Aux amateurs, si nombreux aujourd'hui de la Céramique, la photochromie offrira le trompe-l'œil surprenant des objets qu'ils ne pourraient acquérir. Elle s'assimile, comme à la cuisson du soleil, les blancs laiteux, les bleus célestes, les flambés rutilants, les peintures éclatantes ou diaphanes de la porcelaine ; le brillant émail, les décors tranchés, les luisants métalliques, les nuances infinies de toutes les faïences anciennes et modernes, depuis les maïoliques de l'Italie jusqu'aux produits de Minton et du nouveau Sèvres. Les Miniatures des manuscrits se reflètent, par le procédé de M. Vidal, dans des fac-simile qui défieraient l'œil d'un expert. Les Mosaïques y sont répétées, pierre à pierre, dans leur aspect de vitrail opaque et de tableau craquelé. L'exactitude photochromique, adaptée à la reproduction des étoffes, devient prodigieuse. La matière colorante, divisée en ténuités microscopiques, imprime son ton à chaque maille : on compte les fils et les grains. Les ondes changeantes de la moire, les frissons fauves de la soie, l'épaisseur moelleuse du velours, la diaphanéité des dentelles, les ramages opulents du cachemire, trompent le regard qui croit palper, en quelque sorte, le tissu réel. Et jamais le dessin ne se perd ; on suit, dans ses plus imperceptibles brisures, les dédales de l'ornement courant sur la trame, les méandres du fil décoratif qui l'égratigne d'une traînée de points scintillants.

Appliquée aux choses de la nature et de l'industrie, la photochromie n'est ni moins précise ni moins prestigieuse. Ses clichés de bijouterie donnent la sensation d'un écrin ouvert. Elle rend, comme aucun pinceau ne saurait le faire, la lueur mate de la perle, le sombre azur du zéphir, le rouge intense du rubis, les teintes troubles de l'opale. Ses bouquets sont incomparables ; ce n'est point seulement l'émail et le coloris des fleurs qu'elle exprime, mais encore leurs teintes légères et leurs doux reflets, le jet des tiges, l'attitude des branches, le suave enchevêtrement des corolles : il semble qu'un souffle ferait bruire et trembler la page. Les papillons sont décalqués comme au vol, les oiseaux nuancés plume à plume, les coquillages saisis dans les plus délicates irisations de leur nacre. En un tout autre genre, la photochromie décrit les machines avec une rigueur de précision qu'aucun dessin mathématique ne saurait atteindre.

On voit quel avenir s'ouvre à cet art nouveau ; ses applications seront innombrables. Tout un monde d'œuvres et de choses qui, jusqu'à présent, ne pouvaient être reproduites que sous l'aspect éteint et effacé de ses formes, va être évoqué par lui à la vie de la couleur qui est son élément essentiel. De la langue morte de la monochronomie qui les traduisait si imparfaitement, il passera dans la langue éclatante et vive des tons et des teintes. Le botaniste pourra étudier et démontrer ses plantes, non plus sur de pâles silhouettes froidement crayonnées, mais sur des herbiers aussi frais que s'ils venaient d'être collés sur la page. Les gemmes et les joyaux qu'il était impossible, non point seulement de copier, mais même d'indiquer sans le secours du pinceau, revivront dans leur flamme ou dans leur lueur. Les merveilles des arts industrielles : armes, vases, ors, émaux, tapisseries, mollement ébauchées par des colorations défectueuses, reprendront, sur les clichés de M. Vidal, les éclats du métal et de l'émaillerie, les valeurs et les harmonies de la peinture et de la teinture. Des musées entiers défileront, en splendeur réelle, sous le regard du curieux. Des albums éblouissants feront reluire et miroiter à ses yeux toutes les matières précieuses travaillées et transformées par la main humaine. L'illustration des livres d'art, d'ornementation, de décoration, de sciences naturelles, renouvelée par la photochromie, vulgarisera, dans leur pleine lumière, des milliers d'objets dont la gravure photographique ne donnait que l'ombre. Que d'admirables effets

dèvra produire une telle propagande ! Quel vaste réper-
toire d'enseignements et de renseignements elle ouvrira
à l'artiste et à l'industriel, à l'ouvrier et à l'amateur,
au savant et à l'antiquaire ! C'est la lumière qui entre,
avec la photochromie, dans la publicité pittoresque ;
c'est la vie qui pénètre comme le sang des choses, dans
les images jusqu'ici voilées par le clair-obscur, et dont
la couleur était pourtant l'unique moyen d'expression.

Des reproductions de tous les genres que nous venons
d'énumérer, sont déjà sorties des ateliers de photochromie installés dans l'hôtel de la *Société de publications périodiques*, 13, quai Voltaire. Il n'y a qu'une
voix, même parmi les hommes du métier, pour déclarer
qu'aucun art graphique ne saurait produire rien de
comparable. Mais ce ne sont encore là que des essais
et des spécimens. Une publication monumentale (1)

---

(1) Cette publication, entreprise grâce à une autorisation
spéciale du ministère de l'instruction publique et des beaux-
arts, aura pour titre général : *le Trésor artistique de la France.*
Elle sera divisée en deux grandes séries : 1° les *Musées natio-
naux*; 2° les *Collections privées*, où sont enfermées tant de merveilles que peu de personnes peuvent admirer ou étudier.
Chaque livraison contiendra la reproduction photochromique
d'un ou plusieurs chefs-d'œuvre, accompagnée d'un texte dû à
la plume des écrivains les plus compétents. Viendront après les
trésors des musées ou collections de l'étranger.

inaugurera bientôt la Photochromie, celle de la *Galerie d'Apollon*, ce musée de la vieille monarchie française, cette collection unique au monde de pièces historiques, plus précieuses encore par le travail que par la matière. Les clichés déjà terminés de quelques morceaux donnent l'idée de la splendide perfection avec laquelle ce mobilier royal sera reproduit. Ce sera l'éclatant portique de l'immense réunion des chefs-d'œuvre que l'invention de M. Vidal est appelée à vulgariser.

PARIS. — TYPOGRAPHIE A. POUGIN, 13, QUAI VOLTAIRE. — 3803.

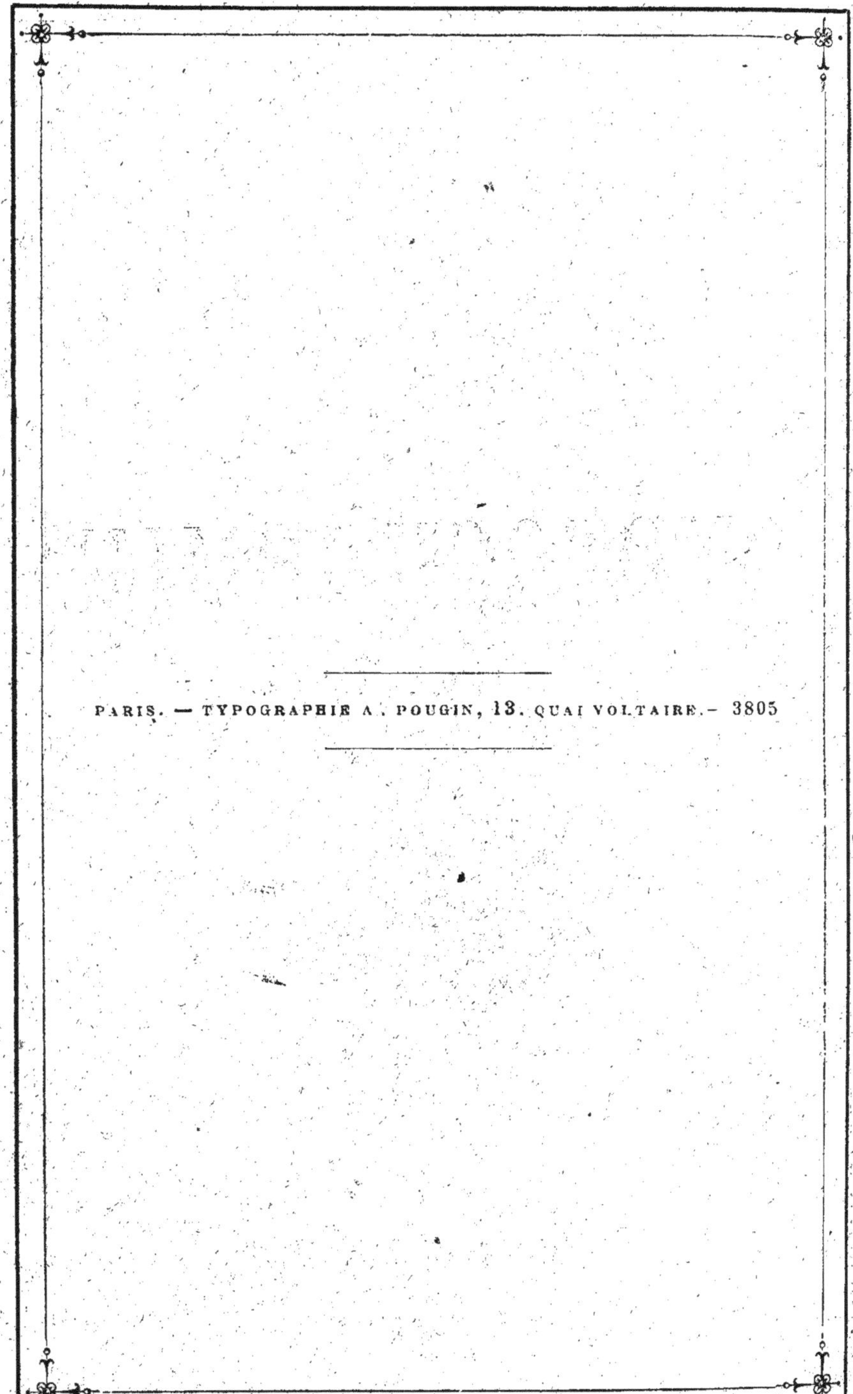

PARIS. — TYPOGRAPHIE A. POUGIN, 13, QUAI VOLTAIRE. — 3805